AF235974

Südtirol

lieben lernen

*Der perfekte Reiseführer für einen unvergesslichen
Aufenthalt in Südtirol - inkl. Insider-Tipps*

Luise Klingenberg

✈ INHALT

Naturschönheiten 53

Es werden die Koffer gepackt ... 65

Das erwartet Sie in diesem Buch

Der Reiseratgeber ist Ihr persönlicher Beglei-
ter auf Ihrer Reise durch Südtirol. Erleben
Sie die imposante Berglandschaft, die wil-
desten Wasserfälle, die größten Schluchten. Lassen Sie
sich von den Naturgewalten beeindrucken und genießen Sie die kulinarischen Feinheiten Italiens.

Das Buch lässt Sie die Vielfalt der Region entdecken und bietet Ihnen einen tiefen Einblick in die Per-
sönlichkeit von Südtirol. Neben der Vorstellung der
schönsten Sehenswürdigkeiten werden Sie durch etliche Geheimtipps einzigartige Orte entdecken und Be-

gegnungen erfahren, die sonst nirgends nachzulesen sind. Besuchen Sie die drei schönsten Städte Norditaliens jeweils an einem Tag, ganz ohne Planungsstress. Der Ratgeber leitet Sie durch charmante Gassen zu den tollsten Märkten sowie durch eindrucksvolle Monumente. Die vorgeschlagenen Routen enthalten nicht nur nützliche Tipps, sondern lassen Ihnen viel Raum, in die italienische Atmosphäre einzutauchen.

Vielfältige Vorschläge für Tagesausflüge oder sportliche Aktivitäten gestalten Ihren Urlaub nicht nur naturnah, sondern lassen Sie bei Bedarf auch sehr aktiv werden.

Wo gibt es die beste italienische Pizza? Was macht den Charme der Südtiroler Einwohner aus und wo erhält man das Geheimrezept der so beliebten italienischen Bolognese? Erfahren Sie die Antworten im Ratgeber und erleben Sie mit ihm eine Reise, die Sie nachhaltig prägen und begeistern wird. Seien Sie nicht nur ein Tourist, sondern fühlen Sie sich heimisch und lernen Sie Norditalien in seiner ganzen Vielfalt lieben.

Ein Ort zum Verweilen

Ein erholsamer Urlaub und eine tolle Reise leben von den Orten, an denen man sich aufhält, den Erfahrungen, die man macht, und den Eindrücken, die man gewinnt. So sollte der Ort, in dem man seinen Tag startet oder auch den Abend einläutet, die Umgebung sein, in der man sich uneingeschränkt wohlfühlt. Warum das gerade das kleine verwunschene Städtchen Brunico ist, werde ich Ihnen gleich zu Beginn des Buches erläutern.

BRUNICO – VON KUHGLOCKEN UND BUNTEN HÄUSERN

Wir beginnen unsere Reise in einem wunderschön verschlafenen Städtchen namens „Brunico". Dort, wo an den alten Häuserfassaden langsam die christlich dargestellte Bemalung abbröckelt, es alten Gemäuern an einzelnen Steinen fehlt und der Efeu sich seinen Weg sucht. Wo im Sommer Wildrosen farbenprächtig im Sonnenschein strahlen und im Winter die schneebedeckten Felder die Weite erahnen lassen.

Scheinbar umzingelt von den Alpen bietet das Tal einen unglaublichen Ausblick auf das steile Gebirge. Die kristallklaren Nächte ermöglichen im Sommer sowie im Winter einen atemberaubenden Blick auf den Sternenhimmel.

Ein sanfter Wind kühlt in der warmen Jahreszeit zur späten Stunde die erhitzten Häuser und erfrischt bei weit geöffneter Terrassentür die warmen Körper. Wenn die Sommerwärme sich zur extremen Hitze verwandelt, dann ist Brunico das Örtchen zum Verweilen. Nahezu jede Ferienwohnung besitzt großzügige Terrassen und Balkone. Auch die Hotels, die sich in den althistorischen Charme des Tals in Perfektion eingefügt haben, bestechen durch besonders großzügige

Sonnenplätze. Vermutlich verbindet kein Ort in Südtirol so viel Tradition mit Wohlfühlatmosphäre. Sie haben die Wahl zwischen absolutem Luxus und Wellness, Ferienwohnungen mit modernem Interieur oder dem Nächtigen auf einen der vielen kleinen Bauernhöfe.

Ganz egal, wofür Sie sich entscheiden, tun Sie sich einen Gefallen, schälen Sie sich morgens aus den Federn und machen Sie einen kleinen Spaziergang entlang der schmalen Dorfstraße. Wenn Sie im Sommer die ersten Sonnenstrahlen am recht kühlen Morgen wärmen, im Frühling das Tau auf den weitläufigen, hügeligen Feldern glitzert, der Herbst sich in voller Farbenpracht zeigt oder im Winter die dicke weiße Schneeschicht unter Ihren Füßen knirscht, dann erhaschen Sie gerade einen kleinen Teil der Idylle von Brunico.

Sie werden am Tresen der Bäckerei von Rosalie vorbeikommen. Wahrscheinlich erkennen Sie diese schon von Weitem anhand der Schlange vor der Ladentür. Rosalie backt die besten Kartoffelbrötchen im ganzen Ort. Ich selbst habe noch nie bessere Brötchen verkostet als ihre. Wer für den Morgen etwas Süßes benötigt, sollte ihre Nuss-Nugat-Hörnchen probieren. Sie sind von Hand gefertigt und noch warm, wenn sie in Ihre Tüte gelegt werden. Rosalie vermietet ebenfalls eine kleine Ferienwohnung direkt über Ihrer Bäckerei. Die herzliche Dame legt ihren Gästen jeden Morgen frische Brötchen vor die Tür.

> **Tipp:** Die Bäckerin Rosalie vermietet eine Ferienwohnung über ihrer Bäckerei. Die frischen Brötchen bekommt man direkt vor die Tür gelegt.
>
> Bestellen Sie am besten für den nächsten Tag vor oder seien Sie noch vor acht Uhr vor Ort. Die Kartoffelbrötchen sind so beliebt, dass die Bäckerin unter den Einheimischen schon lange kein Geheimtipp mehr ist.

In der Ferne werden Sie einen Hahn hören, der zu jeder Jahreszeit den Morgen einläutet. Er lebt mit seinen Hühnern auf einem kleinen Bauernhof am Ende der Dorfstraße. Wenn Sie mit der kleinen Kuhglocke an der schmalen Auffahrt des Hofes läuten, begrüßt Sie nach wenigen Minuten eine sehr freundliche alte Dame. Ihr Gesicht ist selbst im Winter stets braun gebrannt, ihre tiefen Falten lassen ihr Gesicht zerknittert erscheinen, doch ihr Lächeln ist sehr einladend. Die Hühner laufen frei herum. Sie drückt einem, ohne groß zu fragen, eine Handvoll frisch gelegter Eier in die

Hände, nimmt 30 Cent entgegen und verabschiedet Sie herzlich. Auf Nachfrage erhalten Sie einen Liter frische Milch, die wirklich vorzüglich schmeckt.

EIN SPAZIERGANG MIT CHARME

Neben der landwirtschaftlichen Idylle und dem tollen Blick auf die Berge besitzt Brunico aufgrund der perfekten geografischen Lage eine enorme sportliche Attraktivität. Die Weitläufigkeit sowie das Zusammentreffen landwirtschaftlicher Flächen mit beeindruckenden Waldgebieten machen einen Spaziergang oder eine Radtour zum Erlebnis.

Für Sportliche sind tolle Wanderrouten mit unterschiedlichen Schwierigkeitsgraden vorhanden. Die vielen Pfade, eingerahmt von prächtiger Bergvielfalt, lassen sich am besten im Stadtkern beginnen, der selbst schon eine Sehenswürdigkeit für sich ist. Pastellfarbene, schmale Häuser mit unterschiedlichen Dächern und Höhen bilden ein buntes und dennoch ruhiges, althistorisches Stadtbild.

Enge Gassen mit kleinen Boutiquen und netten Cafés laden zum Shoppen und Verweilen ein. Ein sandfarbener Torbogen markiert einen der beiden Eingänge in die zentrale „Burggasse", die quer durch den Stadtkern verläuft. Rechter Hand befindet sich ein kleines Lädchen, in dessen Schaufenster etliche Schweizer Taschenmesser zu bewundern sind – vergoldet oder versilbert, mit Griffen aus Marmor oder Olivenholz. Aber auch einfache funktionale Messer werden beim kleinen lokalen Hersteller angeboten. Selbst, wenn man kein Liebhaber von Messern ist, einen Blick auf die Werke sind diese allemal wert. Der kleine Messerhersteller aus Brunico bietet auch das Schleifen fremder Messer an. Sollte also beispielsweise Ihr Taschenmesser für die kommenden Picknicke auf dem Berg präpariert werden, können Sie dies für einen guten Kurs und ohne Voranmeldung machen lassen.

Tipp:
Geschäfte in Südtirol halten klassischerweise ihre „Siesta", also Mittagsruhe, ein. Zwischen 13:00 und 15:00 Uhr sind diese geschlossen. Supermärkte sind hiervon ausgeschlossen. Die Schließzeit von Geschäften beläuft sich auf 18:00 Uhr.
Erklärung:
In Südtirol sprechen die meisten Einheimischen sowohl italienisch als auch deutsch.

Bestenfalls beginnen Sie Ihre Wanderung oder Ihren

Spaziergang von hier aus. Das Schöne: Es ist nahezu egal, in welche Richtung Sie starten. Folgen Sie einfach dem rauschenden Bach, der an den Stadtkern angrenzt, und finden Sie sich in den wunderschönen Pfaden in Richtung des Kronplatzes wieder. Holzpfähle zeigen Ihnen regelmäßig Routenoptionen sowie weitere Informationen über die vor Ihnen liegende Strecke an. Oder starten Sie gen Westen, dessen Wege gleich zu Beginn ein wunderschönes Waldstück bieten. Sie werden an dem unter Denkmalschutz stehenden Heldenfriedhof vorbeilaufen. Er ist ein Soldatenfriedhof für Gefallene des Ersten und Zweiten Weltkrieges, der auch für Personen, die nicht angehörig sind, geöffnet hat. Die Gräber und deren Geschichten sind wirklich spannend.

Während der Sommer und der Frühling eine bunte Farbenpracht verschiedener Waldblumen und Bergwiesen bietet, kommt im Winter das Gefühl auf, man wandere durch eine verträumte Welt mit grandiosem Ausblick. Mit passendem Schuhwerk sind auch die verschneiten Wege ein visueller Genuss. Die Wanderwege werden im Winter nicht gestreut. Die meisten von ihnen sind jedoch geöffnet und gut zu nutzen.

Brunico besticht vor allem durch seine geografische Lage. Die Stadt gilt als Hauptaufstieg auf den

„Plan de Corones", im Deutschen „Kronplatz" genannt. Mitte des Jahres ein tolles Wandergebiet ist der Kronplatz im Winter ein überaus beliebtes Reiseziel von Ski- und Snowboardbegeisterten und gewann schon frühzeitig durch seine modernen Skiliftanlagen sowie die großartig präparierten Pisten Prominenz.

PIZZA GEFÄLLIG?

Nach einer langen Wanderroute, einem langen Skitag auf dem Kronplatz oder einem spannenden Sightseeing sehnt sich der leere Magen sicherlich nach einem leckeren Essen. Was bietet sich in Italien mehr an als die Suche nach der besten Pizza?

Sicherlich deklarieren sehr viele Restaurants die besten Speisen für sich. Viele von ihnen mögen dies auch nicht zu Unrecht tun. Die beste Pizza in ganz Südtirol finden Sie jedoch in Brunico. Erinnern Sie sich an die Dorfstraße, in der die Bäckerin Rosalie die Einheimischen mit ihrer Backkunst verzückt?

Gegenüber ihrem Laden befindet sich etwas versteckt eine kleine Pizzeria. Während glitzernde Weihnachtsdekorationen noch selbst Anfang März auf den Fensterbänken stehen, verzieren Spitzengardinen die Fenster. Es erwartet Sie eine rustikale Einrichtung.

Doch der Duft nach frischem Pizzateig, knusprig geba-ckenem Prosciutto und frischen Zutaten lässt Ihren Appetit in großen Hunger verwandeln. Bei Betreten des kleinen Raumes werden Sie direkt sowohl von der Bedienung als auch von einheimischen Gästen sehr herzlich begrüßt. Der Blick auf den Steinofen ermög-licht das Zusehen des Pizzabäckers beim Belegen und Backen Ihrer bestellten Pizza. Auf Extrawünsche und Unverträglichkeiten wird ganz unkompliziert reagiert und sofort eine Lösung gefunden.

Vor ungefähr neun Jahren war ich mit einer Freundin dort essen, die unter einer starken Glutenun-verträglichkeit leidet. Zu dieser Zeit wurde sie vor al-lem beim Kochen und Essengehen vor eine große Her-ausforderung gestellt. Alternativprodukte oder gar Al-ternativgerichte waren nicht üblich. Wir fragten vor-mittags beim Pizzabäcker der Pizzeria an, ob es mög-lich wäre, bei Vorbeibringen von Dinkelmehl am sel-ben Abend eine Dinkelpizza bestellen zu können. „Na-türlich!", antwortete er. „Ich habe jetzt ja ein paar Stun-den Zeit, um eine Rezeptur auszutesten. Ich hoffe, die Pizza wird schmecken." Bis dato hatte auch er noch nie eine Dinkelpizza gebacken.

Die Rezeptur war perfekt und die Pizza köstlich. Obwohl der Bäcker mehrere Stunden an der Rezeptur gefeilt und geprobt hatte, nahm er lediglich den Durch-schnittspreis seiner angebotenen Pizzen von elf Euro. Nach einem Limoncello aufs Haus wurden wir von ihm noch mit zwei Kilogramm Dinkel-Pizzateig zum Mit-nehmen beschenkt und bekamen eine Anleitung, wie dieser im heimischen Ofen zu backen ist. Die Pizzeria ist in Familienbesitz und die Menschen an Herzlichkeit nicht zu übertreffen. Auch ein Tourist, der dort zum ersten Mal erscheint, wird sich schnell als Teil der Süd-tiroler Einwohner fühlen. Ein kleiner Tipp: Probieren Sie die Calzone. Sie schmeckt vorzüglich und wird mit hausgemachter Tomatensoße im Schälchen serviert.

Erklärung: Limoncello ist ein süßer Likör aus Zitro-nen, dessen Rezept ursprünglich aus Sizilien stammt. Er wird gerne als „Absacker" nach deftigen Speisen serviert und ist zudem ein traditionelles Souvenir.

Ein Hahn als Aushängeschild

Der Plan de Corones ist vor allem als vielseitiges Skigebiet mit atemberaubendem Blick über die Alpen bekannt. Durch die dort ausgetragenen Weltmeisterschaften im Riesenslalom erlangte der Kronplatz über die Landesgrenzen hinaus große Prominenz und ist nun sogar eines der beliebtesten Skigebiete weltweit. Sein Logo ziert der weiße Umriss eines Hahnes, der für die Bodenständigkeit der Einwohner sowie für die Ländlichkeit der Region stehen soll. Hier erfahren Sie, warum der Kronplatz so besonders ist und was er auch neben dem Wintersport noch alles zu bieten hat.

ZWISCHEN WINTERSPORT UND IDYLLE – DER KRONPLATZ UND DIE DOLOMITEN

Ist man begeisterter Wintersportler oder möchte einer werden, so kommt man nicht an dem wunderschönen Plan de Corones vorbei. Mit 119 Kilometern Pistenstrecke, 48 Skipisten und einer direkten Verbindung zu den Skigebieten der Dolomiten ermöglicht der Kronplatz ein Skierlebnis der Extraklasse. Vom Gipfel des Berges, dem Start fast aller Pisten, erhält man einen atemberaubenden Ausblick auf das umliegende Gebirge. Felsige, vereiste Brocken grenzen an bewaldete, schneebedeckte Berge. Der meist klare und sonnige Himmel kontrastiert zu den scharfen Kanten des Gebirges.

Gleich drei Hütten laden mit ihren Liegestühlen im Schnee zum Sonnenbad ein und bieten kulinarisch alles, was das Herz begehrt. Sie werden sich vermutlich wundern, wie viele Menschen in einem kurzärmeligen T-Shirt, hochgekrempelten Skihosen und mit einem kalten Getränk in der Hand in der Sonne sitzen. Die für Sie erscheinende Seltenheit ist auf dem Kronplatz jedoch täglich zu erleben. Das häufig gute Wetter und ein kräftiger Sonnenschein auf dem Berg vermitteln eine Frühlingswärme, während die kalte Umgebungstemperatur bei mindestens -2 Grad den Pistenschnee bis in den Nachmittag hinein fest und eben bleiben lässt.

Ausflugs-Tipp: Das Messner-Mountain-Museum vom Bergsteiger Reinhold Messner befindet sich direkt auf dem Kronplatz-Plateau und erzählt die Geschichte der Bergsteiger-Pioniere. Preise: Erwachsene 10 Euro, Kindern von 6 bis 14 Jahren 4 Euro, Familienkarte 22 Euro. Ermäßigung möglich. Es ist derzeit nur Barzahlung möglich.

Auf dem Berg sollten Sie immer eine Ski- oder Sonnenbrille parat haben. Das reflektierte Sonnenlicht blendet beim Skifahren und zieht Ihre Augen in Mitleidenschaft.

Täglich um Punkt 12.00 Uhr beginnt die mitten auf dem Kronplatz stehende Friedensglocke „Concordia 2000" zu läuten. Sie wurde anlässlich des 25-jährigen Bestehens des Plan de Corones erbaut und erinnert an dessen Erschließungspioniere. Mit einem Gewicht von 18,1 Tonnen und drei Metern Durchmesser ist sie eine der Größten im Alpenraum. Die Concordia 2000 läutet auch dann, wenn in einem Land die Todesstrafe aufgehoben, eine Begnadigung gestattet oder eine Beendigung des Krieges herbeigeführt wurde. Die Glocke kann kostenlos besichtigt werden und bietet obendrein eine tolle Aussichtsplattform.

Der Kronplatz besticht durch seine hochmodernen Skiliftanlagen. Viele der Gondeln besitzen eine Sitzheizung, alle Anlagen sind modernisiert oder neu gebaut. Dabei fügen sie sich gut in die Natur ein. Die großartig präparierten Pisten sind umgeben von alten Baumbeständen und bieten somit das Flair einer Skipiste im Wald. Es entsteht eine Kombination aus modernem Wintersport und nahezu unberührter Natur mit einem gigantischen Ausblick auf die Dolomiten. Die weitläufigen Pisten bieten sowohl Herausforderungen für fortgeschrittene Skisportler als auch Bereiche zum Üben für Anfänger.

Sollten Sie sehr sicher auf den Skiern oder dem Snowboard sein, so lege ich Ihnen die Talabfahrt „Sylvester" sehr ans Herz. Sie ist über die Südtiroler Grenzen hinaus für ihre Schönheit, aber auch Tücke bekannt. Die nicht weniger steile Talabfahrt „Herneck" ist sogar regelmäßig der Schauplatz der Weltcups im Riesenslalom. Es ist also nicht verwunderlich, dass die Besten der italienischen Nachwuchstalente auf dem

Plan de Corones trainiert werden. Für Beginner können die ersten Fahrten auf dem „Idiotenhügel" im Tal erprobt werden. Dieser bietet mehrere Strecken mit verschiedenen Schwierigkeitsgraden an und lässt die Anfänger in Ruhe und Sicherheit lernen.

Abenteuerlustige und Snowboard-Affine toben sich hingegen an den Sprungschanzen, die neben vielen Pisten erbaut wurden, oder im großen Snowpark aus. Dieser ist schon vom Gipfel aus zu erkennen und leicht durch die Abfahrt „Belvedere" und „Plateau" zu erreichen. Wer selbst nicht durch die Lüfte fliegen möchte, kann sich das Spektakel dennoch in Ruhe vom Rand der Strecke ansehen.

> **Tipp:** Cremen Sie sich auf dem Berg auch bei bewölktem Himmel gut mit Sonnenschutzmittel ein. Die Reflexion der Sonnenstrahlen auf dem weißen Schnee führt ansonsten schnell zu Sonnenbränden.

Wer einen guten Unterricht für seine Kinder sucht, der sollte nach dem Skilehrer Herrmann fragen. Er ist ein freundlicher, bärtiger Mann mit einer Engelsgeduld und er hat einen Riesenspaß, den Kindern das anfängliche Skifahren nahezubringen oder mit Fortgeschrittenen die Pisten unsicher zu machen. Seine Vorliebe für Mentos und Schnupftabak ist bei jedem bekannt und lässt ihn noch sympathischer wirken.

Auch für Erwachsene bietet er Einzelunterricht sowie Unterricht für Paare an. Wer an seiner Performance feilen möchte und das Ziel vor Augen hat, genauso leichtfüßig wie Herrmann über die schneebedeckten Skistraßen zu schweben, der lernt das nirgendwo besser als bei ihm.

Seine Mittagspause auf dem Berg läutet man am besten in der „Prackenhütte" ein, die durch die Abfahrt „Olang" ganz unkompliziert zu erreichen ist. Sie bietet eine tolle Aussicht auf die umliegenden Berge. Hier bekommt man den besten Kaiserschmarrn, der für jede Bestellung frisch zubereitet und wahlweise mit oder ohne Rosinen serviert wird. Die große Terrasse liegt zur Mittagszeit immer in der Sonne und profitiert von dem guten Wetter auf dem Kronplatz. Sollte es dennoch mal bewölkt und sehr kalt sein, werden Heizpilze aufgestellt und Decken bereitgelegt. Die Möglichkeit, die Räumlichkeiten im Inneren zu nutzen, besteht jederzeit.

Obwohl der Plan de Corones ein vielfältiges Skigebiet ist, das keine Wünsche offen lässt, bietet es den Wintersportlern durch direkte Gondelverbindungen zusätzlich die Nutzung der kleinen Skigebiete der benachbarten Berge.

Der neu gebaute Bahnhof „Vierschach" verbindet seit wenigen Jahren per Zug den Kronplatz mit dem Skigebiet „Drei Zinnen Dolomiten". Somit kann man bequem das Skigebiet wechseln, ohne sich dabei umziehen oder schwer schleppen zu müssen. In sehr gepflegten und beheizten Zügen wird man binnen zwanzig Minuten zügig und bequem in das andere Skigebiet gefahren. Der Bahnhof liegt direkt an den Pisten. So fährt man einfach die Talabfahrt „Ried" ab und findet sich am Ende der Piste direkt vor dem Bahnhof wieder. Es muss keine Wegstrecke gelaufen werden. Auch beim Ausstieg im Skigebiet der Drei Zinnen findet man sich direkt vor der Gondel wieder, die einen direkt auf das Gipfelplateau fährt. Hier warten weitere 200 Pistenkilometer darauf, befahren zu werden. Die Züge fahren stündlich.

Für geübte Skifahrer gibt es ein weiteres, ganz besonderes Skierlebnis; die Sella Ronda. Die Skitour ist eigentlich eine Skirunde, die über die vier Dolomitenpässe rund um den Sellastock verläuft. Auf rund dreißig Kilometern Pistenstrecke durchfährt man die Täler Alta Baddia, das Fassatal, Gröden sowie Arabba und erlebt einen außergewöhnlichen Ausblick auf die steilen, kahlen und felsigen Gebirgsketten. Die Runde kann sowohl im als auch gegen den Uhrzeigersinn gefahren werden.

Bei gutem Skiwetter ist die Sella Ronda ein wahrer Genuss. Die Pisten liegen hauptsächlich in der Sonne und bieten ein traumhaftes Panorama.

An sehr warmen Tagen wird der Schnee jedoch schnell sulzig und der Skiausflug sollte lieber auf einen kälteren Tag verschoben werden.

Wen die Abenteuerlust auch am Abend noch packt, dem wird auf dem Kronplatz ermöglicht, unter Flutlicht ausgewählte und eigens für das abendliche Skifahren präparierte Pisten zu nutzen. Die hell erleuchtete Skipiste lässt auf die Täler bei Nacht blicken und fügt sich gleichwohl in die verdunkelte Umgebung ein. Bei kristallklarer Luft scheint es fast so, als wäre man dem Sternenhimmel zum Greifen nahe. Auf mehreren der Pisten ist Nachtrodeln ebenfalls möglich. Das Angebot besteht Dienstag, Donnerstag, Freitag sowie Samstag von jeweils 19.30 bis 22.00 Uhr. Die Preise für einen Abend liegen zwischen neun und dreizehn Euro.

DER KRONPLATZ IM SOMMERKLEID

Während die Skisportler von den verschneiten Pisten auf das Weiß der umliegenden Berge schauen, erfreuen sich Wanderer und Spaziergänger an den bunt blühenden Bergwiesen. So scheint es, als entwickele sich abhängig von der Jahreszeit immer wieder eine ganz neue Welt.

Sollten Sie ein nettes Apartment, eine charmante Bleibe auf einem der kleinen Bauernhöfe oder ein schönes Zimmer im Hotel in Brunico gebucht haben, bietet sich zur warmen Jahreszeit das Erkunden des wunderschönen Kronplatzes an. Die Aufstiegsanlagen, in dem Fall Gondeln, fahren nicht nur im Winter, sondern bieten zu jeder Jahreszeit die Möglichkeit, das Bergplateau komfortabel zu erreichen. Insbesondere für Familien mit Kindern und Personen mit körperlicher Beeinträchtigung ist diese Möglichkeit natürlich sehr hilfreich. Weitere Liftanlagen befinden sich im Tal Olang und Furkelpass. Sehr Sportliche können direkt vom Tal Brunico auf unzähligen Wegen den Aufstieg wagen.

Hat man den Berggipfel erst einmal erreicht, erlebt man einen unglaublichen Ausblick auf die umliegenden Gipfel der Dolomiten und des Alpenhauptkammes.

Sie haben die Möglichkeit, auf den schönen Bergwiesen zu picknicken und dabei die klare Bergluft zu genießen. Wen die Wanderlust packt, darf zwischen verschiedenen Wanderrouten mit unterschiedlichen

Schwierigkeitsgraden wählen. Die Wege verbinden verschiedene Täler miteinander, sodass auf Umwegen auch die Dörfer und Städte selbst erkundet werden können. Zudem werden Rundwege um den Plan de Corones angeboten.

Gerade der Corones-Wanderweg bietet auch für ungeübte Wanderer ein absolutes Panorama. Die Wege, gesäumt mit leuchtenden Wildblumen, belaufen sich auf eine Gesamtstrecke von 6,6 Kilometern und beinhalten einen Aufstieg von 142 Metern. So erlebt man auch ohne technisches Können oder Vorerfahrung in drei Stunden ein ganz besonderes Wandererlebnis. Wer die nötige Ausdauer besitzt, misst sich an dem Wanderweg AVS. Dieser wird im Örtchen Riscone in Brunico begonnen und endet auf dem Plateau des Plan de Corones.

AUF DEM BIKE IN DIE BERGE

Neben den unzähligen Wandertouren gibt es die Möglichkeit, Abenteuer und Bergluft miteinander zu verbinden. Insgesamt sechs Strecken stehen den Mountainbike-Sportlern zur Verfügung. Davon sind gleich drei als sehr schwer einzustufen und selbst für Freeride-Profis eine echte Herausforderung.

Wer es etwas ruhiger angehen lassen möchte, wählt am besten die Strecke „Gassl". Sie umfasst eine Länge von 8,6 Kilometern, beginnt am Gipfel des Kronplatzes und führt bis in das Tal „Olang". Unerfahrene haben die Möglichkeit, sich jederzeit einen Freeride-Guide als Unterstützung zu buchen. Ein neu errichteter Übungspark an der Gondelbahn „Piz de Plaies" ermöglicht es zusätzlich, Sprünge, Gleichgewichtspassagen sowie Steilkurven zu erproben. Der Eintritt des Übungsparks „Skills Park CIR" ist kostenlos. In St. Vigil, Brunico und Olang wird der Verleih von Mountainbikes sowie Schutzkleidung angeboten. Natürlich sind auch E-Bikes und Stadträder für eine gemütliche Tour erhältlich. Ein Mountainbike für Erwachsene erhält man ab 30 Euro pro Tag und es kann bequem online vorab reserviert/gebucht werden. Ein E-Bike kostet 50 Euro pro Tag.

DURCH DIE LÜFTE

Wer kennt sie nicht, die kleinen bunten Punkte am hellblauen Himmel? Punkte, die immer größer werden, scheinbar über den Gipfeln der Berge tanzen und nach einiger Zeit auf den wunderschönen Wiesen im Tal landen. Die Rede ist von den vielen Paragleitern, die das tolle Wetter für einen Flug über die Gebirgsketten rund um den Plan de Corones nutzen.

Was viele Beobachter nicht wissen: Ihr Traum über die Alpen zu gleiten und einen unfassbaren Blick auf die Gipfel und Täler zu erhalten, ist zum Greifen nahe. Insbesondere der Kronplatz ist durch seine geografische Lage ein beliebter Startpunkt, gelandet wird meist in Brunico. Dadurch bieten gerade hier viele ausgebildete Paragliding-Spezialisten Tandemflüge an. Das sanfte Gleiten durch die Berge schenkt einem für circa dreißig Minuten ein unendliches Gefühl der Freiheit. Die Möglichkeit der Tandemflüge besteht ebenfalls im Winter. Sprechen Sie einfach die Paragleiter direkt an. Meistens starten sie vom Kronplatzplateau in Richtung der schwarzen Piste „Herneck" und freuen sich, anderen Leuten ihre Leidenschaft nahezubringen.

Tipp: Jeder Paragliding-Spezialist, der Tandemflüge anbietet, erstellt seine Angebote und Preise selbstständig. Es ergibt Sinn, sich mehrere Angebote von verschiedenen Paragleitern vorab einzuholen. Ein Tandemflug von 30 Minuten kostet durchschnittlich 100 Euro.

Tagesausflüge in die Natur

Trentino-Südtirol besticht durch seine einzigartigen Naturlandschaften. Einige von ihnen liegen etwas im Verborgenen, gehören jedoch eindeutig zu den Orten, die Sie gesehen haben sollten. Tauchen Sie in die natürliche Atmosphäre Norditaliens ein und lassen Sie bei grandioser Umgebung ihre Seele baumeln. Die Auswahl der besonderen Orte hilft Ihnen dabei.

DER NATURPARK DREI ZINNEN

Der Naturpark „Drei Zinnen" wird durch drei ungewöhnliche Bergobelisken, die recht nah beieinanderstehen, geprägt. Er liegt in den Sextner Dolomiten und umfasst eine Fläche von über 11.000 Hektar. Die wunderschöne Bergwelt der Dolomiten bietet im Frühling und Sommer ein tolles Wandererlebnis mit wundervollem Blick über die umliegenden Berggipfel und Täler.

Kühle, tiefblaue Bergseen generieren durch ihren Anblick eine wundervolle Atmosphäre und laden unter der warmen Sonne zum Erfrischen und Verweilen ein. Durch die Größe des Parks, der mittlerweile zum UNESCO-Welterbe gehört, sind neben den vielen Wanderrouten weitere Aktivitäten möglich.

Besucher, denen der Wanderschuh nicht ganz passt und die große Abenteuerlust verspüren, nutzen die vielen Mountainbike-Touren und trauen sich an die herausfordernden Talfahrten heran. Erfahrene Sportler erwartet hier ein besonderes Highlight: die Giro-Bike-Tour. Sie führt auf 3.500 Höhenmetern über vier Berge und inkludiert mehrere Seilbahnfahrten mit großartigem Ausblick. Wer es auf dem Zweirad gemütlicher angehen möchte, der nutzt eine der vielen nahezu ebenen Wege quer durch den Naturpark. Zurück geht es mit dem Zug. Das imposante Gebirge gilt zudem als ein großartiges Klettergebiet, dessen Klettersteige die Schönsten und Bekanntesten der Alpen sind. Das neu ins Leben gerufene Projekt „Dolomiti Senza Confini" bietet eine grenzübergreifende Wander- und Kletter-Route auf den Spuren des 1. Weltkriegs. Die Wege führen von Belluno über Sexten bis nach Kartitsch. Für Tagesausflügler sowie Anfänger sind unzählige Kletterwände und -parks vorhanden.

Sowohl im Sommer als auch im Winter besteht die Möglichkeit, die beeindruckende Berglandschaft einmal aus der Vogelperspektive zu entdecken. Ganzjährige Ballonfahrten generieren ein einzigartiges und faszinierendes Erlebnis. Diese sind mit 290 Euro pro Person und für eine Stunde Fahrt nicht wirklich preiswert, das Geld ist es jedoch allemal wert. Eine günstigere Alternative befindet sich auf dem Plan de Corones in Brunico (siehe oben).

Wenn die Berge ihr Sommerkleid abstreifen, sich die ersten Schneeflocken auf die Berggipfel legen und das saftige Grün einem schimmernden Weiß weicht, dann ist es Zeit, den Naturpark Drei Zinnen mit seiner vollen Winterpracht zu entdecken.

Während viele ihre Wanderstiefel gegen Schneeschuhe eintauschen und die Besonderheit der Wege inmitten von tiefem Schnee genießen, gleiten andere über die 200 Kilometer langen Langlaufloipen. Die Sextner Dolomiten sind die beliebteste und am besten präparierte Langlaufregion in ganz Italien. Beim Nacht-Langlaufen werden regelmäßig ausgewählte Loipen am späten Abend mit Flutlicht erleuchtet. Dabei entsteht eine eindrucksvolle Atmosphäre, die man bei Gelegenheit einmal erlebt haben sollte.

DER NATURPARK TEXELGRUPPE

Der 31,4 Hektar große Naturpark Texelgruppe erstreckt sich gleich über acht Gemeinden, unter anderem Schnals, Tirol sowie Moos in Passeier. Neben der namensgebenden Texelgruppe sind ebenfalls der Gurgler und der Schnalskamm der Ötztaler Alpen zum Naturpark dazugehörig.

Die mitten im Gebirge liegende Spronser Seenplatte ist nicht nur eindrucksvoll, sondern bietet einen bekannten Start der Rundwanderungen durch und über die Texelgruppe. Verwunschene Orte, anspruchsvolle Bergpassagen, faszinierende Schluchten und sogar Hängebrücken in extremer Höhe findet man insbesondere auf dem Meraner Höhenweg, den jeder Wanderliebhaber zumindest namentlich kennt.

Die bekannteste Attraktion des Naturparks ist jedoch der Partschinser Wasserfall, der zu den eindrucksvollsten Wasserfällen der Alpen zählt. Während der Schneeschmelze rauscht diese rund 97 Meter in die Tiefe.

Das gebrochene Licht im herunterstürzenden Wasser provoziert ein kräftiges Farbenspiel und ist vermutlich eines der liebsten Urlaubsmotive. Trotz touristischer Prominenz entsteht eher das Gefühl der Abgeschiedenheit und Verbundenheit mit der Natur. Der Wasserfall ist nur über Wanderwege zu erreichen, die jedoch auch im Winter gut begehbar sind.

DIE REINBACH-WASSERFÄLLE BEI SAND IN TAUFERS

Während die meisten Attraktionen, die über eine Wanderung zu erreichen sind, zwischenzeitlich herausfordernd sein können, bietet die Aufteilung der Reinbach-Wasserfälle eine familiengerechte Wanderung, die beliebig verlängert oder verkürzt werden kann. Gleich drei Wasserfälle auf unterschiedlicher Höhe bilden ein eindrucksvolles Naturschauspiel. Je höher gelegen, desto größer und imposanter erscheinen sie, doch selbst der Kleinste beeindruckt durch seine Kraft und ist die Wanderung allemal wert. Die Wege führen zu Beginn am Reinbach entlang, an dessen steinigem Ufer es sich gut aufhalten lässt. Durch ein Waldgebiet läuft man der leichten Steigung entgegen und hört schon von Weitem das Rauschen des ersten Wasserfalls. Nach ihm wird die Wanderstrecke ein wenig steiler, ist jedoch zum Teil mit Treppenstufen bestückt und auch mit Kindern noch gut begehbar. Im Gesamten sind die Wege bis zum dritten Wasserfall als leichte Wanderung zu bezeichnen.

Das Gebiet der Reinbach-Wasserfälle ist, wie die Naturparks Drei Zinnen und Texelgruppe, sowohl mit dem Auto als auch per Bus zu erreichen.

Halten Sie nach dem Abstieg nach einer schmalen Seitenstraße neben dem kleinen Sandparkplatz Ausschau.

Vor zwei Jahren entdeckten wir einen kleinen Dorfladen mit tollen hausgemachten Molkereiprodukten. Er befindet sich auf einem winzigen Bauernhof. Ein alter, sehr freundlicher Bauer bediente uns. Wir kamen ins Gespräch und er lud uns freimütig ein, seine gerade wenige Stunden zuvor geborenen Zicklein anzusehen. Er schenkte uns damit einen rührenden Anblick und betonte, wie sehr er sich freue, wenn sich Menschen für die bäuerliche Arbeit interessieren.

Probieren Sie gern seinen Ziegen- sowie den Wallnuss-
käse, beide sind köstlich.

Abenteuerlustige fahren zwei Kilometer weiter
und können in Sand in Taufers unter Führung spannende Rafting- und Canyoning-Touren buchen. In den
Fluten der Ahr, direkt neben den Reinbachfällen,
schlägt den Mutigen die eiskalte Gischt ins Gesicht,
während sich neben und vor ihnen schroffe Felskanten
und imposante Schluchten öffnen.

Die Touren werden täglich um 12:00 gestartet. Die
Preise sind vom Zeitraum sowie der Strecke abhängig
und beginnen ab 30 Euro pro Person.

Auf der Suche nach den schönsten Städten

D ie norditalienische Provinz Trentino-Südtirol bietet neben ihrer wunderschönen Natur kleine Städte mit ganz eigenem Charme. Die nachfolgenden drei Städte werden Ihnen eine neue Art der Stadtentwicklung nahebringen. Erleben Sie die architektonische Imposanz und staunen Sie über die Vielfalt der einzelnen Städte. Die verschiedenen QR-Codes helfen Ihnen, wichtige Informationen über die Infrastruktur der jeweiligen Stadt zu erhalten.

TRIENT – HISTORIE UND STRAND IN EINER STADT

Die wunderschöne Stadt Trient mit geschichtsträchtigen, restaurierten Monumenten ist die Hauptstadt der Region Trentino-Südtirol. Trotz des historischen Zusammenschlusses von deutscher sowie italienischer Kultur ist Trient heute eine rein italienischsprachige Stadt. Ihre zahlreichen prächtigen Paläste lassen erahnen, welche bedeutende Rolle sie in der Vergangenheit spielte.

Um das Jahr 1027 machte der deutsche Kaiser die Stadt zu einem Fürstbistum. Im Dom von Trient wurde zwischen 1545 und 1563 das wichtige Konzil einberufen, wodurch die Stadt eine hohe Machtposition erlangte. Erst seit dem Jahr 1918 ist Trient ein Teil Italiens.

Ihr historischer Stadtkern mit prächtigen Bauten sowie Überresten aus der Römerzeit lässt den städtischen Tourismus aufblühen. Insbesondere die „Castello del Buonconsiglio", eine beeindruckende Burganlage aus dem 13. Jahrhundert, schenkt der Stadt eine erhebliche Prominenz. Ganz egal, wo Sie sich in der Stadt gerade aufhalten, Sie werden das Gefühl haben,

immerzu von Palästen, Burgen und historischen Überresten umgeben zu sein. Die vielen Freskenfassaden
bilden ein buntes Stadtbild und erzählen ihre ganz eigenen Geschichten.

An einem Tag durch Trient:
Sollten Sie lediglich für einen Tagesausflug die Stadt
besuchen, so ist es hilfreich, nicht ganz planlos Ihren
Besuch zu starten. Trient bietet so viel Schönheit und
Historie, die Sie zumindest zu einem kleinen Teil ein-
fangen sollten. Damit Sie sich ganz von der wunderba-
ren Atmosphäre mitreißen lassen können und Planun-
gen ihren Blick für die Stadt nicht begrenzen, bietet der
Reiseratgeber Ihnen hier eine mögliche Sightseeing-
tour, die Sie beliebig kürzen oder erweitern können.

Beginnen Sie Ihre Tour an der *Castello del Buonconsiglio*. Die schon eben benannte berühmte Burganlage ist in einem Felsvorsprung erbautes, wuchtiges
Gebäude, das durch seine Architektur und die vielen
Fresken sehr imposant ist. Sie befindet sich nordöstlich
der Altstadt und bietet neben interessanter Historie einen Einblick in Machtposition von Trient. Durch die
mehrflügelige Bauweise befinden sich heute neben Ge-
denkstätten, Ausstellungen sowie einem Restaurant,
gleich zwei kunsthistorische Museen, das Museo

Provinciale d'Arte sowie das Museo Storico, in dem Castello. Der Blick aus dem Hauptturm führt über die historische Altstadt von Trient, einen Teil des Etschtals bis hinauf in die umliegenden Berge. Mittig der Castello del Buonconsiglio liegt ein nachträglich begrünter und wunderschöner Schlossgarten mit einem tollen Blick auf die vielen Fresken der Gemäuer sowie hinab auf die Altstadt.

Die Eintrittspreise belaufen sich auf 10 Euro pro erwachsene Person. Kinder und Jugendliche bis 14 Jahre erhalten kostenlos Eintritt. Familien mit zwei Erwachsenen und beliebig vielen minderjährigen Kindern zahlen insgesamt 10 Euro. Sie sollten eine Stunde für Ihren Aufenthalt einplanen.

Nach zehn Minuten Fußweg durch die schönen Gassen Trients finden Sie den *Palazzo Thun*. Er ist bis heute eines der bedeutendsten Bauwerke in der gesamten Stadt und befand sich 400 Jahre lang im Besitz der Familie Thun (von 1454 bis 1855). Die Räumlichkeiten des Palastes wurden früher für Versammlungen der Spitze des Konzils zur Verfügung gestellt, mehrere Kardinäle lebten sogar in ihm. Die Gemeinde von Trient erwarb im Jahr 1873 den Palazzo. Seitdem dient er als Rathaus und wurde zwischenzeitlich renoviert.

Die alten Fresken und Wandgemälde sind jedoch bis heute erhalten und einen Besuch wert. Zudem besteht eine Ausstellung, die Kamine sowie künstlerische Arbeiten des Barocks beinhaltet.

Der Eintritt ist für Jedermann kostenlos. Es gibt behindertengerechte Rundwege und Sanitäranlagen. Planen Sie ungefähr 40 Minuten für Ihre Besichtigung ein.

Fünf Minuten später erreichen Sie zu Fuß den **Dom von Trient**, auf Italienisch Cattedrale di San Vigilio (die Kathedrale von St. Vigilio). In ihm treffen romanische sowie gotische Architektur aufeinander und bilden ein imposantes Gesamtbild. Der Geschichte nach wurde der Dom über dem antiken Grab des Stadtheiligen Vigilius gebaut. Dieses soll zuvor vor den Stadttoren Roms gelegen haben.

Sie haben auch in der Cattedrale di San Vigilio kostenlosen Eintritt. Planen Sie am besten 30 Minuten für Ihren Aufenthalt ein.

Sicher ist Ihnen schon der wunderschöne Marktplatz, auf dem ebenfalls der Dom erbaut wurde, aufgefallen. Umsäumt mit wunderschönen historischen Gebäuden, ist der **Piazza Duomo-Trento** das Herzstück der Stadt. Auf ihm finden täglich von 07:00 bis

13:00 Uhr Märkte statt. Nehmen Sie sich die Zeit, schlendern Sie an den vielen Ständen vorbei und tauchen Sie in die typische italienische Marktatmosphäre ein. Hier, wo der köstliche Käse der Bäuerin von nebenan sowie Wurstwaren aus lokaler und ländlicher Haltung angeboten, die Eier noch einzeln in Strohkörbe gelegt werden, der getrocknete Hinterschinken probiert werden kann und ein netter Plausch mit den Standverkäufern stattfindet, erleben Sie die tolle Kulinarik Italiens.

Trauen Sie sich ruhig, die Standverkäufer nach den Geheimtipps ihrer köstlichen Bolognese zu fragen. Sie werden sich wundern, wie offen und gern Ihnen ein detailliertes Rezept aufgeschrieben wird, und vor allem, wie wichtig die Wahl der richtigen Tomaten ist. Am besten nehmen Sie sich für das Gericht gleich ein Stück vorzüglichen Parmesankäse mit, dessen Geschmacksintensität nicht mit der des deutschen Supermarktproduktes zu vergleichen ist und bei Bedarf für Sie direkt vor Ort gehobelt wird.

Sollten Sie die Stadt im Herbst oder Winter besuchen, so kann ich Ihnen wärmstens sowohl den Autunno Trentino (Trienter Herbst) als auch den Weihnachtsmarkt rund um den „Santa Lucia"-Tag (am

13. Dezember) empfehlen. Beide werden üppig und thematisch passend geschmückt und besitzen einen ganz besonderen Charme.

Neben den Märkten ist auch der wunderschön verzierte **Neptunbrunnen** auf Anhieb zu entdecken. Er befindet sich mittig des Platzes. Die bronzefarbene Statue des Neptuns wurde 1942 als Nachbildung des steinernen Originals im Hof des Rathauses von Trient aufgestellt.

Nehmen Sie sich genügend Zeit für das Schlendern über den Piazza Duomo-Trento, um die Atmosphäre Trients unbefangen erleben zu können. Der Marktplatz ist zudem ein schönes Plätzchen für eine Mittagspause.

Nach einer erholsamen Pause wäre der **Palazzo Pretorio** beziehungsweise der Palazzo Vescovile eine weitere tolle Möglichkeit, insbesondere visuell die Geschichte von Trient nachzuvollziehen. Die ehemalige Bischofsresidenz ist ein Gebäudeensemble, das aus dem Palazzo selbst, dem Torre di Piaza, ebenfalls Torre Civica genannt, sowie dem Castelletto besteht. Die beeindruckende Burganlage führt ihre Besucher architektonisch und kunsthistorisch durch alle Epochen der Geschichte der Stadt. Der Palast ist von 10:30 bis

18:30 Uhr geöffnet. Erwachsene Personen zahlen acht Euro. Kinder von sieben bis achtzehn Jahre erhalten 50 Prozent Rabatt. Zudem wird neben zahlreichen Gruppentickets ebenfalls eine Familienkarte angeboten, die sich für zwei Erwachsene mit zwei Kindern bis 14 Jahre auf 28 Euro beläuft. Kinder unter sieben Jahre erhalten kostenlosen Eintritt. Sie sollten ungefähr 1,5 Stunden für Ihren Aufenthalt einplanen.

Scannen Sie den QR-Code für weitere Informationen über die öffentlichen Verkehrsmittel in Trentino

> **Tipp:** Planen Sie für sich genügend Zeit ein, um sich ein wenig treiben lassen zu können.

Ein schöner, vielfältiger, aber auch fordernder Ausflug sollte durch einen entspannenden Abschluss abgerundet werden. Gerade an warmen Tagen bietet sich hierfür der *Caldonazzosee* im Valsugana im Osten von Trient an. Er ist das Badeparadies in Trentino und bietet neben Erholung am Strand tolle Wassersportangebote und Freizeitaktivitäten. Nach dem Gardasee ist der Caldonazzosee der größte See von Trentino-Südtirol und bietet somit eine entsprechende Weitläufigkeit. Hier haben Sie die Möglichkeit, sich sportlich im und auf dem Wasser zu verausgaben, die Seenlandschaft vom Boot aus zu erkunden oder am Ufer entspannt den Tag ausklingen zu lassen. Sie zahlen keinen Eintritt. Sollten Sie durch ein Auto mobil sein, so fahren Sie lediglich 20 Minuten aus dem Zentrum von Trient zum wunderschönen See. Die Fahrt mit den öffentlichen Verkehrsmitteln dauert 50 Minuten länger, doch der Weg lohnt sich. Die Buslinie TN109 in Richtung „Bassano del Grappa" oder die Bahn R25 in Richtung Bassano Del Grappa-Staz. Fs bringt Sie, ohne dass Sie umzusteigen haben, an Ihr Ziel.

BOZEN – WO DIE STADT ZUM DORF WIRD

Besucht man zum ersten Mal die Stadt Bozen, so fallen einem schon zu Beginn am Stadtrand die vielen Weinreben auf, die die umliegenden Berge mit einem satten Grün beschenken. Die Stadt liegt als Tal inmitten dieser wunderschönen Weinberge und gilt durch ihre geografische Lage als Tor zur Gebirgskette der italienischen Alpen. Sie ist mit 107.000 Einwohnern die Landeshauptstadt Südtirols und formierte sich zu einer autonomen Provinz in Italien. Insbesondere durch die Nähe zur Etsch, die mit 425 km der zweitgrößte Fluss in Italien ist, bietet Bozen ein tolles Naherholungsgebiet.

Das Tal der Weinberge war schon vor Jahrtausenden spärlich besiedelt. Sein Name „Bauzanum" lehnte sich Historikern zufolge an „Bauzus" an, dem Namen des ersten Bewohners des Dorfes.

Zwischen dem 12. und 13. Jahrhundert entstanden die ersten Stadtgebiete. Bis ins 19. Jahrhundert blieben diese unverändert und bilden heute den althistorischen Stadtkern von Bozen. Die Stadt wurde zu einer wichtigen Handelsverbindung zwischen Deutschland und Italien. So entstand der Kontrast der nordeuropäischen Prägung und dem mediterranen Charme, der Bozen heute so vielseitig macht. Nach und nach wuchs die Bedeutung der Stadt im Wirtschafts- und Landwirtschaftssektor und erlebte eine stetige Zuwanderung. Es wurden um den Stadtkern herum weitere Wohngebiete gebaut. Mittlerweile besitzt das kleine Städtchen insgesamt fünf Stadtteile, die sehr unterschiedlich sind und jeweils ihren eigenen Charme besitzen.

Mit fünf Stadtteilen ganz Bozen sehen:
Das 28 Quadratmeter große Stadtgebiet ist in fünf
Stadtteile unterteilt. Beginnen Sie Ihren Besuch bestenfalls im althistorischen Kern der Stadt, dem Stadtteil
Zentrum Bozner Boden-Rentsch. Mittig im Bozener
Zentrum befindet sich der Waltherplatz, der 1901 dem
Dichter Walther von der Vogelweide aus dem 12. und
13. Jahrhundert gewidmet wurde.

Während die bunten Blumen auf dem Platz farbenprächtig blühen, die Cafés und Trattorien lokale
Speisen und einen leckeren Espresso anbieten, erscheinen im Hintergrund die beeindruckenden Weinreben
und machen den Marktplatz zu einem ganz besonderen
Ort. Geschwungene Torbögen laden in die kleinen
Gassen ein. Keine 300 Meter weiter stehen Sie vor der
imposant gebauten katholischen Kirche, der Diocesi di
Bolzano-Bressanone. Die schöne Barockkathedrale ist
einen Besuch wert und öffnet ihre Tore kostenlos und
ganzjährig. Schlendern Sie gern durch die kleinen Gassen. Sie werden weitere architektonische Schönheiten,
imposante Kirchen und nette Galerien entdecken. Planen Sie hierfür ungefähr eine Stunde ein. Nördlich von
Bozner Boden-Rentsch und ungefähr in 15 Minuten zu

Fuß zu erreichen, entdecken Sie das Südtiroler Archä-
ologiemuseum, das den Stadtteil mit der Schaustellung
des mumifizierten Leichnams des Eiszeitmannes Ötzi
prominent machte. Ein Gang durch das Museum bean-
sprucht ungefähr dreißig Minuten.

Über die Oswaldpromenade, deren Weg eine
leichte Steigung verzeichnet, erreichen Sie in Beglei-
tung einer großartigen Aussicht auf das Tal den Stadtteil *Gries-Quirein*. Natürlich haben Sie ebenfalls die
Möglichkeit, mit dem öffentlichen Nahverkehr den Ort
zu erreichen. Heute ein Stadtviertel von Bozen, war
Gries 1925 eine eigenständige Gemeinde und fungierte
als landwirtschaftliche Gemeinde.

Im 19. Jahrhundert wurde das Dorf zum Luftkur-
ort ernannt und erhält durch den Titel auch heute noch
eine große touristische Bewandtnis. Der ländliche
Charme ist dabei geblieben. Inmitten dieser ländlichen
Idylle befindet sich ein sehenswertes Monument: das
Benediktinerkloster Muri-Gries. Dieses war einst eine
spätmittelalterliche Burganlage der Grafen von Tirol.
Trotz mehrfacher Restaurierung blieb die Grundsub-
stanz erhalten. Wunderschön verzierte Kapellen und
Türme dürfen besichtigt werden. Wer für ein paar
Tage persönlich einkehren und sich zurückziehen

möchte, der darf nach Voranmeldung und -gespräch gemeinsam mit den dort lebenden Mönchen übernachten.

Sollten Sie sich für den Fußmarsch über die Oswaldpromenade entscheiden, sollten Sie für Ihren gesamten Besuch des Stadtteils zwei Stunden einplanen.

Weiter geht es zu Fuß oder per öffentlicher Verkehrsmittel (siehe QR-Code) durch das angrenzende *Europa-Novacella* in den Stadtteil *Don Bosco*. Ersteres ist zwar das flächenmäßige kleinste, mit über 19.000 Einwohnern jedoch das am dichtesten besiedelte Stadtquartier. Beide Stadtteile sind als Folge der Zuwanderung erst in den letzten Jahrzehnten entstanden. Die Kombination aus Moderne und dem Altbestand der damaligen Arbeitersiedlungen sind hierbei interessant zu beobachten. Beim Spaziergang durch Don Bosco und Europa-Novacella sind hierbei keine geschichtsträchtigen Monumente hervorzuheben, sondern eher die gelungene architektonische Vielfalt der Stadt. Planen Sie für Ihren Spaziergang circa eine Stunde ein.

Die Buslinie Nummer Drei führt sie nach einer Fahrzeit von zwanzig Minuten über den Fluss Eisack in das Naherholungsgebiet des Stadtteils *Oberau-Haslach*. Bis ins Mittelalter eine sumpfige Auenlandschaft gewesen, bietet der Stadtteil heute tolle Spazier- und Wanderwege. Eine Wanderung auf den hier liegenden Regglberg wird mit einem wunderschönen Blick auf das Bozener Tal und seine Flüsse belohnt. Die Haselburg, die seit dem 12. Jahrhundert auf dem Porphyrfelsen über Bozen-Haslach schwebt, führt zu einem historischen Flair inmitten des Park-ähnlichen Stadtteils. Die restaurierte Halbruine wird nun für Events sowie von einem Restaurant in Anspruch genommen.

Lassen Sie sich gern nach dem langen und eindrucksvollen Tag in einem der Restaurants in Haslach nieder. Hausgemachte Knödel werden hier auf gleich mehreren Speisekarten angeboten und gehören zu den besten in Südtirol.

BRIXEN – DIE STADT MIT DEM WEIßEN GOLD

Die historische Altstadt Brixen ist mit knapp 21.000 Einwohnern und rund 85 Quadratkilometern keine besonders große Stadt, dafür jedoch die älteste im gesam-

LUISE KLINGENBERG

ten Südtiroler Raum. Die um die 1000 Jahre alte Stadt erstreckt sich über fünf Orte und bietet neben architektonischer Schönheit Attraktionen für Freizeitgelegenheiten und sportlich Ambitionierte. Brixen liegt am Berg Plose, der im Sommer tolle Wandermöglichen bietet und im Winter zu einer abwechslungsreichen Skianlage mutiert. Eine der schönsten Sehenswürdigkeiten ist der Brixner Dom, der durch sein barockes Erscheinungsbild eine der schönsten historischen Sehenswürdigkeiten in Südtirol ist und einen beeindruckenden Domplatz bietet.

Die Vielfalt Brixens an einem Tag erleben:
Beginnen Sie Ihren Aufenthalt im historischen Zentrum der Stadt. Die *Altstadt* ist durch wunderschöne Monumente, Häuserfassaden mit Freskenmalereien und geschichtsträchtigen Gebäuden ausgestattet. Der Prunk der ehemaligen Bischofsstadt blieb bis heute erhalten.

Inmitten dieser befindet sich der eben angesprochene, wunderschöne Domplatz. Er ist der optimale Beginn eines Rundgangs und führt direkt zum Dom zu Brixen. Er ist das Wahrzeichen der Stadt und ist mit 33 verschiedenen Arten von Marmor ausgestattet. Das Innere der Bischofskirche lässt einen staunen. Sie ist täglich von 07.00 bis 18.00 Uhr geöffnet. Zudem werden von Montag bis Samstag Führungen angeboten. Der Eintritt ist kostenlos. Planen Sie für den Besuch des Domplatzes sowie des Doms selbst ungefähr 40 Minuten ein.

Laufen Sie durch die Domgasse und lassen Sie sich ein wenig treiben. Sie werden viele tolle Trattorien, Boutiquen und Cafés entdecken. Doch auch die Gasse sowie ihre Nebenstraßen sind durch die tollen Wohn- und Geschäftshäuser eine Attraktion für sich. Begeben Sie sich in die Kassianstraße südlich des Domplatzes.

Sie führt nach fünf Minuten Fußmarsch zur Hofburg Brixen, die seit Mitte des 13. Jahrhunderts bis 1973 einen Fürstenhof inklusive ausgeprägter Verwaltung beinhaltete. Sie war zudem die Residenz der Bischöfe des Bistums von Brixen. Der angrenzende Hofburggarten lädt nach einer Tour durch die Anlage und das in ihr bestehende Museum zum Verweilen ein. Der Garten ist insbesondere im Sommer sehr schön anzusehen. Erwachsene Besucher bezahlen 10 Euro Eintritt, Kinder ab 13 Jahre vier Euro. Jüngere erhalten freien Eintritt. Ab Familiengröße von vier Personen lohnt sich das Familienticket für 24 Euro. Es können neben zwei Erwachsenen beliebig viele Kinder die Burganlage sowie das Museum besuchen. Die Öffnungszeiten liegen täglich zwischen 10.00 und 17.00 Uhr. Planen Sie circa eine Stunde für Ihren Aufenthalt ein.

Mit dem Bus geht es nun weiter in den nördlichsten Teil Brixens, dem Stadtteil *Franzensfeste und Mittewald*. Dafür bietet sich die Buslinie 310 in Richtung Sterzig, Nordpark an. Der Preis eines Erwachsenentickets beläuft sich auf 2,50 Euro pro Strecke. Nach 20 Minuten Fahrzeit erreichen Sie die größte historische Anlage Südtirols: die Festung Franzensfeste. Sie wurde im Jahre 1833 unter der Herrschaft von Kaiser Franz Josef erbaut und innerhalb von fünf Jahren fertiggestellt. Nach vielen Jahren militärischer Nutzung ist die Festung nun öffentlich zugänglich und ein echter Touristenmagnet.

Dienstags bis sonntags zwischen 10.00 und 16.00 Uhr werden die Tore für Besucher geöffnet. Der Eintrittspreis für erwachsene Personen beläuft sich auf sieben Euro, Kinder unter sechs Jahren erhalten kostenlosen Eintritt. Das Familienticket ermöglicht es zwei Erwachsenen mit beliebig vielen Kindern unter 16 Jahren, für 14 Euro die Festungsanlage zu besuchen. Planen Sie für Ihre Besichtigung ungefähr 1,5 Stunden ein. Sollten Sie sportlich ambitioniert sein, ist binnen

15 Minuten der Klettergarten Franzensfeste fußläufig zu erreichen. Selbstverständlich fahren ebenfalls mehrere Buslinien die Sportanlage an. Der Klettergarten erfreut sich sowohl bei Anfängern als auch fortgeschrittenen Kletterern an großer Beliebtheit und ist von März bis November für Besucher geöffnet.

Scannen Sie den QR-Code für weitere Infos über den öffentlichen Nahverkehr in Brixen.

Nach einem 20-minütigen Spaziergang durch die Grünanlagen von *Mittewald* erreichen Sie die drei zusammen liegenden Örtchen Vahrn, Neustift und Elvas. Erleben Sie mit einem Streifzug durch die Obstgärten und Weinberge den italienisch-ländlichen Flair inmitten der Stadt Brixen. Hier entdecken Sie das berühmte Kloster Neustift von 1142, was offiziell den Namen „Augustiner Chorherrenstift Neustift" trägt. In der Vergangenheit ein überaus bedeutendes geistiges und kulturelles Zentrum gewesen, wird heute noch eine der ältesten Kellereien der Welt aktiv betrieben.

Neben der Besichtigung des imposanten Klosters

haben Sie die Möglichkeit, köstliche lokale Weißweine zu probieren. Vielleicht ist bei den Sorten auch das eine oder andere Souvenir dabei? Es werden ganzjährig Führungen von 11.00 bis 15.00 Uhr angeboten. Der Preis beläuft sich auf 15 Euro pro Person. Planen Sie für Ihren Aufenthalt 1,5 Stunden ein und nutzen Sie den wunderschönen Klostergarten mit dem Blick auf die unendliche Weite der Weinreben für eine erholsame Pause.

Gestärkt geht es mit dem Bus gen Norden in den benachbarten Stadtteil der Altstadt: nach *Pfeffersberg*. Er gilt als grüne Lunge von Brixen und bietet ein wunderschönes Areal für leichte Wanderungen und gemütliche Spaziergänge. Eine Vielzahl hübsch verzierter, alter Kirchen umgeben die Wege und können jederzeit kostenlos besichtigt werden. Der Pfeffersberg bietet zudem tolle Restaurants, die wenig touristisch beladen und preisgünstiger als in der Altstadt sind. Hier findet jeder hungrige Magen kulinarisch etwas, was ihm gefällt. Planen Sie hierfür ruhig 1,5 bis 2 Stunden ein.

Im südlichsten Teil der Stadt befindet sich zudem der *Ploseberg*. Der Hausberg von Brixen beinhaltet sowohl im Sommer als auch im Winter eine Vielzahl an

Aktivitäten und bietet sich für einen Halbtagesausflug an. Auf ungefähr 970 Metern befindet sich das Örtchen St. Andrä, dass aus den winzigen Siedlungen Karnol, Klerant, Mairdorf, Mellaun und St. Leonhard besteht. Von hier aus startet die Plosebahn, die Sie auf den Berggipfel in 2500 Metern Höhe bringt. Selbstverständlich können Sie die Strecke auch hinauf wandern. Oben angekommen, werden Sie mit einem beeindruckenden Blick auf die Stadt sowie auf die Gebirgslandschaften des Eisacktales beschenkt.

Im Winter bietet der Ploseberg neben einer bezaubernden Schneelandschaft ein mittelgroßes Skigebiet für Snowboard- und Skifahrer. Jeden Sonntag werden zusätzlich Pisten zum Rodeln geöffnet. Ein Tagesticket in der Hauptsaison kostet 36 Euro. Wer im Besitz des Dolomiti Superski Passes ist, bezahlt keine weitere Gebühr.

Im Sommer erfährt man auf dem farbenprächtig blühenden Berg und durch seinen Ausblick ein tolles Wandererlebnis. Personen, die auf der Suche nach Abenteuern sind, haben die Möglichkeit, sich mit einem geliehenen Gokart, beziehungsweise Mountainkart, auf einer 9 Kilometer langen Strecke den Hang hinunterzustürzen. Der Verleih erfolgt in den

Infoshops der Plosebahn und kann täglich von 09.00 bis 17.45 Uhr erfolgen. Eine Fahrt kostet 12 Euro. Das Tragen eines Helms ist Pflicht. Dieser wird kostenlos dazu verliehen.

Tipp: Achten Sie auf festes und geschlossenes Schuhwerk

Naturschönheiten

Trentino-Südtirol bietet neben tollen althistorischen Städten, wunderschönen Wanderwegen, aufregenden Kletterpfaden und vielfältigen Sportangeboten zwei Naturschönheiten, die es redlich verdient haben, Ihnen gesondert vorgestellt zu werden. Bei beiden handelt es sich um Seen. Seen, die Sie in einer solchen Schönheit und Vielfalt noch nie erlebt haben. Die Lage dieser ist absolut einzigartig und bietet sowohl Tag und Nacht als auch im Winter und Sommer ein atemberaubendes Panorama. Tauchen Sie in eine fantastische Naturidylle ein.

DER PRAGSER WILDSEE – ZWISCHEN NATURGEWALTEN UND EINZIGARTIGER IDYLLE

Der Naturpark Fanes-Sennes-Prags gehört zu den größten Schutzgebieten Südtirols und bietet eine atemberaubende Landschaft. Der Park erhielt durch die Auszeichnung der Dolomiten ebenfalls den Titel des UNESCO-Weltnaturerbes und umfasst die Gemeinden Wengen, Olang, Abtei, Enneberg, Prags sowie Toblach.

Durch den Zusammenschluss vom Gebiet der Pragser Dolomiten und dem größten Teil der Fanesgruppe mit dem Hochland von Sennes erhält der Park eine immense Vielfalt an unterschiedlicher Vegetation und Möglichkeiten der Freizeitgestaltung. So bietet der Naturpark mit seiner unendlichen Weite nicht nur ein wunderschönes visuelles Naturerlebnis, sondern auch sportliche Aktivitäten, Erholungsorte sowie eine tolle Gastronomie.

Durch gleich vier verschiedene Themenwege werden dem Besucher die verschiedenen Landschaftstypen nahegebracht. Der Erlebnisweg „Lärchensteig" thematisiert insbesondere die umliegenden bunt blühenden Weiden und Lärchenwiesen. Er verbindet die Höfe Rü und Rüdeferia, die am Gipfel von St. Kassian im Gardertal liegen, und bildet die Grenze vom Fanes-Sennes-Park. Der Weg erstreckt sich über knapp zwei Kilometer Länge und ist durch seinen geringen Aufstieg eine tolle Spazier- und Wandermöglichkeit für Familien mit Kindern.

In St. Vigil in Enneberg bietet der Spazierweg „Maitequellen" auf etwa eineinhalb Kilometern Länge die Sicht auf eine Fläche, die mit Quellmündern übersät ist. Aus ihnen sprudelt Wasser hervor, durch das sich kleine Tümpel und schmale Bäche bilden. Die Gesamtheit der Quellen wird als Maitequelle bezeichnet.

Der Erlebnispfad „Tru dal` ega", was aus dem Ladinischen übersetzt „Wasserweg" bedeutet, liegt ebenfalls in St. Vigil und startet beim Naturparkhaus in Enneberg. Er ist der Beeindruckendste von allen und bietet auf seiner Wanderroute jederzeit natürliche Erfrischung durch das viele kühle Nass.

Der „Lé dla Crëda", auf Deutsch „Kreidesee", ist hierbei eine echte Attraktion. Er besteht aus einem grün bewachsenen Waldboden, aus dem über vierzig kleine Wasserquellen sprudeln. Aber auch die Wasserfälle Ciastlins sind eine große Belohnung für den Fußmarsch. Der „Ega de san vi", ein wunderschön bewaldeter Flusslauf, begleitet einen zum bunten Farbenspiel der Wasserfälle. Schautafeln am Rande der Wege geben den Besuchern viele Informationen über die Flora und Fauna im Wasser und an Land. Durch die gute Verkehrsanbindung bietet sich eine Anfahrt über die lokalen öffentlichen Verkehrsmittel an.

Wer die Gegend an der Grenze vom Naturpark Drei Zinnen erkunden möchte, entdeckt durch den Naturerlebnisweg „Toblacher Weg" einen schönen Erholungsort. Der Spazierpfad ist insbesondere bei Vogelliebhabern sehr beliebt. Seltene Vogelarten finden hier häufig einen Ort zum Verweilen.

Der Naturpark Fanes-Sennes-Prags beinhaltet eine Fläche von rund 25.500 Hektar. Ein Großteil dieser besteht aus Fichtenwäldern, in denen Auerhühner sowie Rotfüchse beheimatet sind. Alpenschneehühner sowie Schneehasen entdeckt man auf den Flächen ab einer Höhe von 2.000 Metern über dem Meeresspiegel. Die bekannte Pflanze Arnika wächst und gedeiht mit vielen weiteren Pflanzen auf tollen Almen und Bergwiesen. So entstanden einige große Kräuterwiesen, die den Naturliebhabern und Kräuterkennern das Herz erwärmen.

Inmitten des großen Parks liegt die „Perle der Dolomitenseen", der Pragser Wildsee. Seine Schönheit wurde in der italienischen Fernsehserie „Un paso dal cielo", auf Deutsch „Die Bergpolizei ganz nah am

Himmel", filmisch eingefangen und verlieh ihm dadurch eine große Popularität.

Der Wildsee ist umzingelt von schroffen Felsmauern, hohen, kantigen Bergen und uraltem Baumbestand. Er liegt auf 1.496 Metern Höhe in einzigartiger Lage inmitten der Pragser Dolomiten. Gehen Sie im Sommer durch die blühende Landschaft spazieren, erfreuen Sie sich an der Vielfalt der Tiere. Entdecken Sie den Raubvogel am Himmel? Hören Sie das Knacken in den Baumwipfeln? Spüren Sie die Ruhe und Intimität der Berge?

An besonders heißen Sommertagen bietet der Pragser Wildsee eine echte Erfrischung. Wenn Sie die kleinen Pfade am Berg hinaufklettern oder die schönen Spazierwege rund um das Gebiet der Pragser Alpen entlanglaufen, dann nehmen Sie sich einen Augenblick Zeit. Setzen Sie sich an den Rand des Sees, lassen Sie Ihre erhitzten Beine in das kristallklare Wasser hinein und spüren Sie die Kühle des durchschnittlich 17 Meter tiefen Sees. Sie werden bemerken, dass er trotz einer hohen Umgebungstemperatur sehr kühl ist.

Als Gebirgssee ist er im Vergleich zu anderen Wasserflächen deutlich kälter und wärmt sich schwer auf. Für Frostbeulen ist der Sprung in Türkisblaue sicherlich nichts, eine Erfrischung vom Ufer aus ist er jedoch allemal. Wer die atemberaubenden Gebirgs-fronten vom Wasser aus bestaunen möchte, der kann sich direkt vor Ort ein Kanu leihen. Der Blick ist ein-zigartig. Wer mag, kann bis hin zur tiefsten Stelle von 36 Metern fahren und sich an eine spannende Sage er-innern. In der Südtiroler Sagenwelt spielt der See eine sehr bedeutende Rolle. Man sagt ihm nach, einst der Zugang zum unterirdischen Reich der Fanes gewesen zu sein. Nur mit dem Boot erreichte man das Südende des Sees, wo das nun verschüttete Tor zur Unterwelt lag.

Sollten Sie im Winter Südtirol besuchen, so lege ich Ihnen ganz besonders diesen See mit seinem Natur-park ans Herz. Der Pragser Wildsee friert durch seine niedrige Grundtemperatur schnell zu und bildet mit seinen umliegenden Bergen ein wunderschönes Win-terparadies. Man erkennt die Umrisse der im Frühjahr und Sommer begrünten Rundwege um den See. Leise knirscht der weiße dicke Schnee unter den Schuhen.

Inmitten des Sees stehend, spürt man die absolute Ruhe der Natur. Weiß bedeckte Äste ächzen unter der dicken Schneeschicht, alte Baumkronen bieten einen schönen Kontrast zum hellen Weiß und ab und zu hüpft schnell ein plüschiger Schneehase über die in der Sonne glitzernde vereiste Fläche des Sees. Inmitten der ruhigen Idylle ertönen immer wieder ein fernes Krachen und Rauschen. Lässt man den Blick über die felsigen Bergkanten gleiten, so sieht man kleine und größere Lawinen den halben Berg hinunter krachen.

Plötzlich ist man sich der extremen Naturgewalt wieder bewusst, kann sich jedoch am See sicher fühlen. Die Lawinen sind sehr imposant und ein echtes Naturschauspiel, werden von Experten jedoch als sehr ungefährlich eingestuft. Sie sind toll zu beobachten, aber schlicht und ergreifend viel zu weit entfernt, als sie eine Gefahr werden könnten. Ich kenne keinen Ort, wo eine idyllische, ruhige Atmosphäre derart mit der dazu konträren Naturgewalt einhergeht.

Sollten die Füße und Hände kalt werden, so suchen Sie am besten nach der Hütte am nördlichen Teil des Sees. Langlaufloipen begleiten Sie auf Ihrem Weg zum Café mit einer direkt am See gelegenen Terrasse.

Hier gibt es die beste heiße Schokolade, bei Bedarf zwischen verschiedenen Dunkelgraden wählbar. Der Innenraum des Cafés duftet nach frisch gemahlenem Kaffee sowie hausgebackenen Waffeln. Der Blick durch die bodentiefen Panoramafenster auf den See sowie auf die Gebirgslandschaft lässt ein nettes warmes Beisammensitzen zum Erlebnis werden. Wer sich auch an den kalten Tagen sportlich betätigen möchte, hat die Möglichkeit, sich Langlaufskier inklusive Zubehör auszuleihen und die wunderschöne Natur fahrend zu erleben. Etliche Langlaufloipen bieten einen Skispaß mit atemberaubendem Panorama. Auch der gefrorene See ist befahrbar. Routen mit unterschiedlichen Steigungen bieten viel Abwechslung und unterschiedliche Schwierigkeitsgrade. Für Kinder sind die ausleihbaren Schlitten sicherlich ein tolles Vergnügen.

Der Pragser Wildsee ist im Winter kostenfrei per öffentlichem Verkehrsmittel oder dem eigenen Auto zu erreichen. Im Frühjahr und Sommer gilt zum Schutze der Natur die Nutzung der öffentlichen Verkehrsmöglichkeiten als verpflichtend. Die Kosten für eine Fahrt zum Pragser Wildsee belaufen sich auf drei Euro pro Person. Der See ist touristisch absolut nicht überlaufen, sodass dem puren Naturerlebnis nichts im Wege steht.

DER GARDASEE – MEDITERRANES IN GANZER SCHÖNHEIT

Der Lago di Garda, auf Deutsch Gardasee, gehört zu den oberitalienischen Seen und gilt als größter See Italiens. Er soll seiner Historie zufolge nach der keltischen lokalen Gottheit Benacus benannt worden sein und

hieß von 200 v. Chr. bis 800 n. Chr. „lago benacus".
Auch heute ist der Gardasee für das Land sehr bedeu-
tend. Er bietet durch seine Schönheit nicht nur eine
hohe Wohnqualität und viele Naherholungsgebiete,
sondern spielt ebenfalls im Wirtschaftssektor im inter-
nationalen touristischen Segment eine bedeutende
Rolle.

Der See wurde durch einen Teil des Rhätischen
Gletschers geformt, der ein eiszeitlicher Gletscher in
den Alpen war. Sein Hauptstrom floss durch das Etsch-
tal. Der Gardasee liegt zwischen der Po-Ebene im Sü-
den und den Alpen im Norden. Durch seine enorme
Fläche von rund 370 Quadratkilometern erstreckt er
sich über gleich drei Regionen sowie drei Provinzen.
Der nördliche Teil gehört zur Region Trentino-Südtirol
mit der Provinz Trient, der Westen zur Lombardei mit
der Provinz Verona, der Osten hingegen wird zur Region Venetien mit der Verwaltungsprovinz Brescia ge-
zählt.

Palmen, Zypressen sowie Olivenbäume bilden die
wunderschöne und mediterrane Landschaft rund um
den Gardasee. Zitronen- und Orangenbäume leuchten
in der Sonne und sind schon seit Jahrzehnten das Aus-
hängeschild der Regionen Trentino, Lombardei und
Venetien. Mittlerweile werden viele Orangerien nur

noch für den Tourismus betrieben, sind jedoch wirklich sehenswert. Neben diesen erstrecken sich in verschiedenen Regionen große Anbaugebiete für Wein. Italien gehört zu den wichtigsten europäischen Weinproduzenten. Der Gardasee bietet sich durch seine Morphologie sowie durch das laue Klima für den Weinbau sehr an.

Um thematisch und geografisch in unserer wunderschönen Region Trentino-Südtirol zu bleiben, sehen wir uns gemeinsam die drei Orte Riva del Garda, Arco sowie Nago-Torbole an. Sie werden staunen, wie unterschiedlich diese trotz ihrer ähnlichen Lage sind.

Beginnen wir mit dem tollen Ort Riva del Garda. Er ist ein lebhafter Ort inmitten mächtiger Berge mit direkter Lage am Lago di Garda. Erst seit 1919 gehört Riva zu Italien und bietet dadurch sowohl italienisch-mediterranen Charme als auch österreichischen Flair.

Mit rund 13.000 Einwohnern ist er nach Desenzano der zweitgrößte Ort am Rande des Gardasees und gilt durch das milde Klima sowie die tollen Naherholungsgebiete als beliebter Kurort. Trotz hoher Temperaturen, sogar in den Wintermonaten, ist die nördliche Spitze des Gardasees sehr für ihre starken Winde bekannt. Dies macht vor allem die umliegenden Orte zur populären Anlaufstelle für Kite-Surfer, Wind-

Surfer und Segler. Mountainbiker und Kletterer erfahren in den steilen Abhängen der Berge ein echtes Abenteuer, Angler freuen sich über die große Vielfalt an Fischarten. Riva del Garda besitzt zudem den schönsten und längsten Badestrand am Lago di Garda.

Während also vor allem Sonnenanbeter die Strandruhe hier suchen, ziehen leidenschaftliche Surfer meist ein Stückchen weiter nach Nago-Torbole.

Dieses hat sich nicht nur in Italien, sondern mittlerweile in ganz Europa als bedeutendes Surfgebiet etabliert und bietet mit dem weiten Gardasee sowie den zuverlässigen Böen perfekte Rahmenbedingungen. Große Strandbereiche werden extra für Wassersportler zurückbehalten. Die Infrastruktur ist komplett auf den Surf-Tourismus abgestimmt und lässt ein junges, dynamisches Flair entstehen.

Dennoch behält das Dorf weiterhin einen alt-italienischen Charme. Nago-Torbole besteht eigentlich aus drei kleinen Orten. Torbole ist neben seiner Größe wohl auch das bekannteste Dorf. Das kleine Nago sowie das winzige Örtchen Tempesta bieten durch ihre historischen Gemäuer einen tollen Kontrast zum modernen Torbole. Trotz touristischer Ausrichtung des gesamten Ortes erhält man nicht den Eindruck, dass die Dörfer überlaufen sind oder gar ihren Charme verlieren. Etwas gemächlicher geht es in Arco zu, der sogar als Luftkurort gilt. In der zweiten Hälfte des 19. Jahrhunderts entstanden in der 63 Quadratkilometern großen Stadt etliche Jugendstilvillen von bürgerlichen und adligen Familien. Gleich mehrere schöne Parkanlagen erstrecken sich über die Orte und beinhalten neben alten Baumbeständen ebenfalls ein bedeutendes Arboretum mit exotischen Pflanzen und Sträuchern.

Wirklich sehenswert ist das Castello di Arco, die Burgruine Arco. Sie besteht aus gleich mehreren Ruinen und befindet sich auf einem hervorstehenden Burgfelsen in der Altstadt. Das zentrale Stadtgebiet verläuft ringförmig um den Burgberg und ist durch mehrere kleine Orte gegliedert.

Die alten und schmalen Gassen weisen viele nette kleine Cafés und Bars auf. Nehmen Sie gern einmal in einer der kleinen Trattorien Platz. Sie erhalten neben einem köstlichen Kaffee leckere, gesunde und dennoch preiswerte Sandwiches, die mit Produkten eines Schnellimbisses nichts gemein haben und wirklich köstlich sind. Nach einer kleinen Stärkung schlendern Sie bestenfalls durch die schönen Weinreben zum wundervollen Gardasee und staunen Sie wieder einmal über die Schönheit der vielen Orte von Trentino-Südtirol.

Es werden die Koffer gepackt ...

Nun haben Sie alles Wissenswerte erfahren, einen tiefen Einblick in die Schönheit Norditaliens erhalten und eine Menge an nützlichen Tipps gelesen. Sie sind nun bestens informiert und haben die Chance, auch abseits der touristischen Pfade die Region zu entdecken. Ich freue mich, dass das Buch Sie auf Ihrer Reise begleiten darf, und ich bin mir sicher, dass Ihre anstehende Reise nach Trentino-Südtirol nicht Ihre letzte sein wird. Ich wünsche Ihnen viel Freude auf einem der schönsten Fleckchen Erde der Welt.

Es werden die Koffer gepackt

Herstellung und Verlag:
BoD – Books on Demand, Norderstedt
ISBN: 9783756200795

© Luise Klingenberg 2022
1. Auflage
Kontakt: Psiana eCom UG/ Berumer Str. 44/ 26844 Jemgum
Covergestaltung: Fenna Larsson
Coverfoto: depositphotos.com